AF227430

PLUS DE RÉVOLUTIONS

APPEL À LA BOURGEOISIE

PAR

Albert de LABERGE

> Il n'y a pas de monarchiste à qui sa conscience interdise de devenir républicain.
>
> Il n'y a pas de républicain à qui sa conscience permette de se rallier à une monarchie.
>
> PAGE...................... 30

PRIX : UN FRANC

A LYON :
LIBRAIRIE MÉRA
Rue de Lyon, 15

A SAINT-ÉTIENNE :
CHEZ TOUS LES LIBRAIRES
et aux bureaux de l'*Éclaireur*,
place Marengo, 10.

1871

PLUS

DE

RÉVOLUTIONS

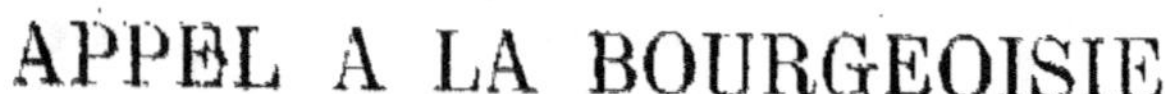

APPEL A LA BOURGEOISIE

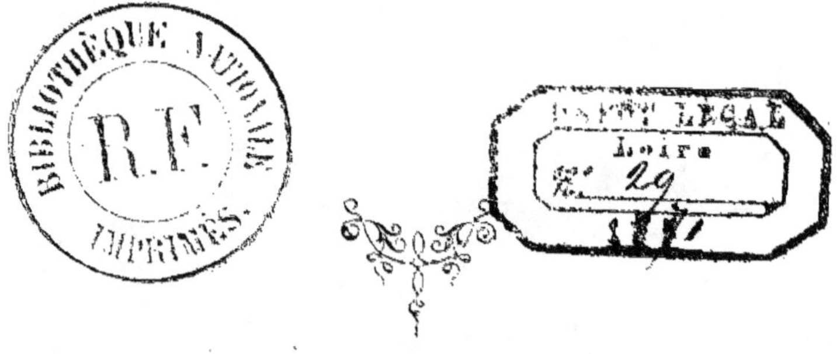

SAINT-ÉTIENNE,

IMPRIMERIE BENEVENT, PLACE DE L'HOTEL-DE-VILLE, 4.

1871

« La République sera fondée et assise défi-
« nitivement en France lorsque la bourgeoisie
« le voudra. Et pour qu'elle le veuille il suffit
« qu'elle laisse de côté ses appréhensions, qu'elle
« ait un seul instant conscience de ses intérêts
« et de son rôle et qu'elle soit résolue à les dé-
« fendre elle-même contre les envahissements
« d'une centralisation dangereuse ou d'une
« anarchie ridicule. »

Ces phrases que j'écrivais en 1866, je les
reprends en 1871, parce que je suis convaincu
qu'elles contiennent le remède à la crise actuelle.

Certains publicistes démocrates ont cru que
les révolutions de 1789, 1830, 1848, étaient
uniquement dues à des mouvements populaires. C'est une erreur. La tradition républicaine
française a une origine bourgeoise. Si aux trois
dates précédentes le peuple a remué les pavés
et pris le fusil, c'est que la classe instruite, la
moyenne propriété étaient d'accord avec lui.
On a prétendu également que ces dernières n'a-
vaient joué, dans nos catastrophes politiques,

qu'un rôle passif. Seconde erreur. Elles seules pouvaient provoquer, choisir l'heure et décréter l'insurrection, parce qu'elles seules détenaient le crédit nécessaire à tout Pouvoir, parce qu'elles seules pouvaient fournir des éléments capables de constituer un gouvernement régulier. Toute insurrection qui n'aura pas le concours matériel ou moral de ces classes, toute insurrection qui ne sortira pas, partiellement du moins, de leur sein, pourra s'emparer du Pouvoir ; elle ne le gardera jamais.

La bourgeoisie a fait et défait nos deux premières Républiques. Renversera-t-elle la troisième comme elle a renversé les deux autres ? L'avenir seul le sait. Puisse-t-il dire non ! C'est mon vœu le plus sincère dans l'intérêt de mon pays et dans celui de la liberté !

Assurément c'est un fait bien étrange que cette contradiction politique qui, en moins d'un demi siècle, pousse la classe la plus intelligente d'un pays à changer six fois les institutions organiques de celui-ci.

Et lorsqu'on songe à ce que la plupart de ces révolutions ont coûté de sang et fait de ruines, aux perturbations commerciales et industrielles qu'elles ont amenées, aux despotismes qu'elles ont intronisés, despotisme d'un seul, despotisme de la foule, tyrannie de l'église ou du club, du sabre ou de l'écu, ne semble-t-il pas qu'une

épouvantable fatalité plane sur cette génération?
N'est-on pas tenté de mettre en doute l'histoire
de ces temps et de croire à un affreux cau-
chemar ?

Sous l'ancien régime la noblesse, sauf de rares
exceptions, était d'une ignorance profonde.
L'ouvrier et le paysan n'avaient guère le loisir
d'apprendre l'alphabet ou l'écriture. Le bourgeois, seul, c'est-à-dire la classe commerçante,
celle qui vivait de la production et de l'échange,
possédait ce levier puissant qui s'appelle l'instruction. Aussi, avait-il occupé successivement
l'église, les municipalités, la magistrature, les
finances. Pendant que le noble combattait ou
chassait et que le paysan travaillait pour le
noble, le bourgeois des villes tenait les livres de
la nation, administrait ses revenus, lui trouvait
du crédit ou lui prêtait.

Après avoir taillé la plume timide des Racine
et des Molière pour donner des leçons aux
rois, il jeta plus tard avec Voltaire, Diderot et
Montesquieu, les bases de la société nouvelle.
Au dix-huitième siècle, si le bourgeois ne gouverne pas encore, c'est qu'il se recueille devant
le spectacle étrange qui frappe ses yeux. La
dissipation scandaleuse des cours, la décadence
morale et physique de l'aristocratie l'irritent. Il
voudrait pouvoir balayer ces écuries d'Augias.
Il n'ose. Un vertige de superstition le retient.
Il faudra la grande disette de 1787, la misère
des campagnes, les soulèvements des villes pour
lui rendre la parole. Viennent l'incapacité hési-

tante de Louis XVI, les intrigues de ses frères et de l'Autrichienne, et la bourgeoisie prendra le gouvernement de la nation en main parce qu'elle seule sait, pense, possède, donc vit politiquement.

**
* *

Ecrirons-nous son histoire sous la grande Révolution ? Qui ne la sait ? Qui ne connaît l'œuvre admirable des Constituants et des Girondins ? Qui ne se rappelle que le 14 juillet eut pour prologue un discours de Camille Desmoulins, que cette victoire de la bourgeoisie parisienne aboutit à la fameuse nuit du 4 août; que trois ans plus tard, au 10 août 1792, ce fut la même Gironde qui réclama par la bouche éloquente de Vergniaud la déchéance de la royauté !

Hélas ! quelle est donc la hauteur de ce trône que l'on appelle le Pouvoir, pour que tous ceux qui y montent soient immédiatement pris de vertige et que les plus grandes intelligences ne puissent y vivre calmes et fortes !

A peine tenait-elle les rênes du Gouvernement que la Gironde commettait fautes sur fautes et préparait l'avénement de la Terreur. Endormies sous les lauriers de leur victoire, les classes bourgeoises oublièrent leur auxiliaire, le peuple. Elles oublièrent qu'elles ne l'avait dirigé, guidé que par un contact incessant avec lui, qu'elles n'avaient obtenu sa confiance que par cette vie commune, cette intimité des assemblées populaires où les derniers préjugés des classes s'étaient fondus, où mêlées dans une généreuse étreinte la force et l'intelligence s'étaient unies pour consacrer la liberté !

Les Girondins désertèrent les clubs, telle fut leur première et plus grave erreur. Dans cette obscurité apparait la Terreur rouge d'abord, la Terreur blanche ensuite, non moins injuste et non moins sanglante. Et la bourgeoisie effrayée laissa faire !

La mémoire lui revient un instant. Elle enfante sous la plume de Daunou la Constitution de l'An III, machine compliquée mais dont les rouages sont encore assez larges pour laisser un ample passage à la liberté !

* *

Mais tant d'agitations, tant de fièvres avaient brisé l'énergie des classes moyennes. Au lieu de reprendre d'une main vigoureuse ce pouvoir que les circonstances leur rendaient une seconde fois, elles ne songèrent qu'à jouir mollement des bienfaits dont le nouvel ordre de choses les avaient dotées. Mignet a remarquablement caractérisé l'époque du Directoire et du Consulat : « Cette période fut singulière, dit-il, en ce « qu'elle parut une sorte d'abandon de la « liberté. Les partis ne pouvant la posséder « d'une manière exclusive et durable se décou- « ragèrent et se jetèrent dans la vie privée ! » Aveu précieux chez un historien imbu des préjugés du parti parlementaire.

Le 18 brumaire 1799 fut la seconde édition
de 1793. L'incurie des Girondins avait préparé
la domination exclusive de la Montagne. L'inertie publique et les intrigues du Directoire
ouvrirent la porte à Bonaparte.

*
* *

En 1815 même faute. Atrophiée sous le joug,
qu'elle avait enguirlandé, quinze ans durant,
de couronnes triomphales, la bourgeoisie accepta
des mains de l'Europe victorieuse la dynastie
de la sainte ampoule et les billets de confession.
Cette classe que les Chénier, les David, les
Fontane et les Volney avaient saturée de paga-
nisme, dont les mœurs, les costumes, les arts
étaient tous empruntés à la théogonie antique,
ces hommes pour lesquels Voltaire semblait
un Dieu et Laplace un prophète ne trouvèrent
pas une parole pour protester contre le retour
des Bourbons et de l'ultramontanisme. Tout au
plus Benjamin Constant obtint-il que le roi
accepterait la Constitution au lieu de l'octroyer !

Pendant quinze ans les classes moyennes
déshéritées du pouvoir verront l'ancienne aristocratie siéger à leur place, la France des Montesquieu et des d'Aguesseau livrée pieds et
poings liés à l'abbé de Frayssinous et au juge
de Broé.

Dans le midi, la Terreur blanche assassine
lâchement des milliers de protestants et de
bonapartistes. Dans la Touraine, Paul-Louis

Courier est mis en prison pour avoir écrit que la noblesse n'avait pas des mœurs irréprochables. A la Chambre des députés Manuel est *empoigné* comme un voleur. Dans toute la France la gent calotine et les hobereaux insultent, règlementent, légifèrent, coupent, taillent et rognent à plein drap.

*
* *

1830 fut la révolution bourgeoise par excellence. Les Armand Carrel, les Marrast, les Thiers, les Mignet, les Mérilhou, tous les hommes du *National* et du *Constitutionnel* appartenaient à la classe moyenne et en défendaient les principes libéraux. Le peuple prit une large part aux journées de Juillet, mais les idées socialistes qui devaient l'agiter quelques années plus tard avaient à peine commencé leur travail et l'état de choses que la nouvelle révolution établit, prouva bien que le signal était parti de plus haut et qu'il s'agissait avant tout des libertés politiques. La question égalitaire ne devait surgir qu'après Février.

La bourgeoisie a-t-elle fait preuve d'intelligence politique en couronnant son œuvre constitutionnelle d'une royauté? Le monarque soliveau est-il un être politique normal? La nation peut-elle gouverner quand le roi règne? Tels sont les problèmes qui se présentent ici et que nous tenons à examiner avec réflexion, en dehors de toute suggestion de parti.

.

Ce qui fait les classes fortes et les institutions durables, c'est l'élasticité. Ouvrez l'histoire d'un peuple quelconque, à n'importe quelle page, et vous verrez qu'aristocratie, clergé, bourgeoisie, ou plèbe, quelle qu'ait été, à l'époque choisie, la classe dominante, elle n'aura jamais perdu son pouvoir que par cet instinct de conservation immodéré et imprévoyant qui a nom l'exclusivisme.

Lorsqu'en 1830 la bourgeoisie parisienne répéta avec M. Thiers cette phrase : « Louis-Philippe sera la meilleure des Républiques ; » elle ne fit pas seulement une erreur d'histoire, elle rompit avec sa tradition et se voua à l'isolement. Elle se suicida en se rendant solidaire d'institutions que le temps devait un jour ou l'autre emporter. *Le roi règne et ne gouverne pas* est un sophisme parlementaire, les rois fainéants sont une fiction.

Où est-il le prince assez désintéressé et assez sot pour accepter ce masque ridicule et servir de paravent à une nation ou à des ministres? Un homme d'Etat, un politique ordinaire, peuvent remplir, sans transiger avec leur honneur, cette fonction de serviteur de la volonté nationale. La place est encore assez glorieuse pour tenter le plus ambitieux. Un roi de France ou des Français ne saurait descendre jusque là. Ses frères, amis et cousins, ont des trônes et des sujets. Pourquoi siégerait-il au modeste fauteuil présidentiel ? Pourquoi s'abaisserait-il au rôle de serviteur d'un peuple quand à tout instant la voix de la tradition, celle de sa famille, les flatteries de ses courtisans, lui rappellent qu'il en est le maître ?

***

La bourgeoisie, quiconque a lu l'histoire de Louis-Philippe le sait, fut pendant tout ce règne la véritable classe dominante. Arrivée au pouvoir sans contest, elle avait un horizon magnifique devant elle. Se faire l'institutrice des classes inférieures, apaiser les passions qui fermentaient dans ces milieux obscurs en y jetant la lumière à flots, élever peu à peu les couches les plus hautes à la participation du pouvoir, donner à la vie politique du pays une activité normale par la fusion des partis, telle était l'œuvre d'ordre et de conciliation que pouvaient préparer les hommes de 1830.

Ce qui tua l'aristocratie sous l'ancien régime, ce fut l'impuissance où elle était de se renouveler, de se refaire un sang jeune.

Ce qui tuera la bourgeoisie, ce qui lui a enlevé le pouvoir en 48, c'est son refus d'appeler à elle une seconde classe moyenne en formation, l'artisan, l'employé, le petit propriétaire, race intelligente, laborieuse et prête pour le Pouvoir. La République eut été proclamée en 1830, que la bourgeoisie, avec qui le peuple ne songeait aucunement alors à partager le gouvernement, eut pu commencer graduellement ce travail d'instruction, de nivellement politique qui devait assurer sa juste prééminence en la rajeunissant sans cesse.

*
* *

Pour cette adoption la bourgeoisie pouvait-elle compter sur la royauté ? Évidemment non. La monarchie est d'essence absolument exclusive et égoïste, conservatrice d'elle-même, sans souci des intérêts et des droits d'autrui dès qu'ils blessent les siens, dès qu'ils menacent son existence en la rendant inutile ou dangereuse.

Il était à prévoir que la royauté, préoccupée d'elle-même avant tout, ne défendrait la cause de la bourgeoisie que tant qu'elle lui semblerait identique à la sienne. Le *moi* est naturellement la première et la plus simple politique monarchique. Ce *moi*, suivant les temps et les milieux, s'appuie sur tels ou tels intérêts mais quoiqu'il arrive, c'est toujours le *moi*.

*
* *

La bourgeoisie était en 1830 la seule classe électorale. Elle seule par ses richesses et son autorité morale disposait de l'activité et du crédit publics. Louis-Philippe devait donc sacrifier beaucoup à ce dieu du jour.

Mais lorsqu'il s'agit de partager le pouvoir, il n'est meilleur allié dont on ne soit jaloux et qu'on ne redoute. Le roi constitutionnel et ses ministres étaient-ils assiégés de craintes semblables ou furent-ils seulement coupables d'imprévoyance? Cette double hypothèse a toute vraisemblance. Toujours est-il que la bourgeoisie ne sembla jamais moins consciente de son rôle politique, de ses fonctions morales et de son honneur.

On eut dit qu'une vaste conspiration s'était formée entre les lois et les hommes pour amener la décadence des mœurs publiques, pour démoraliser les hautes classes et leur enlever le prestige qui les avait placées au pouvoir. La concussion, l'agio s'étalèrent avec un cynisme révoltant. C'est l'époque par excellence des scandales financiers. Les Morny, les Girardin, les Fould qui ont brillé d'un si triste éclat sous le régime bonapartiste n'étaient en réalité que les élèves de cette école industrialiste qui fit florès sous Louis-Philippe.

Il faut lire les séances de la Chambre et les jugements des tribunaux de ce règne. La tribune parlementaire, les fonctions publiques, la presse, n'étaient qu'un immense tripot où les ministres achetaient les consciences, vendaient les places et les richesses publiques, avilissaient les caractères sans aucun souci des lois morales et de l'honneur de la nation. Exploitations industrielles, fonctions judiciaires ou politiques, suffrages électoraux, tout était matière à primes et à coupons.

C'est une erreur de croire que les faiseurs du bonapartisme ont dressé les tables de cette orgie financière qui a conduit notre argent si loin et nos consciences si bas, ils n'ont été que les continuateurs du monarque bourgeois et de ses ministres. Les hommes de décembre n'ont rien inventé dans cet ordre de vices. Seulement le fleuve d'or coulait plus large et les écumeurs avaient plus belle part.

**

Que devenait le peuple pendant que **M. Guizot** disait à la bourgeoisie : « Enrichissez-vous » et que cette classe obéissant à ce doux conseil *fesait ses affaires !*

Travaillé par les écoles de Fourier, Saint-Simon, Cabet, Louis Blanc, le peuple s'enivrait follement d'utopies sociales et de rêves mystiques.

L'industrie moderne en créant les grandes agglomérations ouvrières, en favorisant le développement parallèle des grandes misères et des grands luxes a mis en éveil une des plus vives passions humaines, la marraine de l'égalité, l'envie. L'ouvrier que le travail mécanique et la débauche abêtissent, que de trop lourdes charges, le chômage ou la maladie conduisent à des souffrances imméritées, ne peut voir d'un œil calme le bien-être facile où le luxe des grandes fortunes qu'il coudoie.

Jadis ce contraste était le fait des impénétrables décrets de la Providence. Aujourd'hui que la Providence est allée prendre place au musée de l'histoire, à côté d'Hercule et de Saturne, l'ouvrier, et non sans raison, accuse la société des inégalités qu'elle consacre ou favorise. La comparaison de sa vie laborieuse et précaire avec l'existence opulente ou oisive de ses patrons le trouble, l'inquiète, l'irrite. Et si dans cette période où son esprit est en travail, une théorie libératrice se présente, il l'épouse avec ardeur et se dispose à la faire prévaloir par la force, sans se douter que les sociétés comme les mondes, ne se perfectionnent qu'avec l'aide du temps.

*
* *

A la fin du règne de Louis-Philippe la bourgeoisie comptait deux adversaires, la royauté qui cherchait à la corrompre pour s'en faire une complice servile; le peuple, frère cadet, qui réclamait sa part de l'héritage de 89.

Ah! c'est ici qu'apparaît l'énormité de la faute commise en 1830 par le chef du parti libéral! Proclamée aux journées de Juillet, toute aristocratique qu'elle eût été, la République eût épargné à la bourgeoisie bien des ruines, au peuple bien des colères malheureuses, à la France bien des hontes et des calamités. Au 24 février le peuple demandait peu de chose, une simple extension du cens. Ce qu'en 1848 Louis-Philippe ne pouvait accorder sans danger pour sa couronne, la bourgeoisie républicaine eût pu facilement le donner dix ans plus tôt sans péril pour ses intérêts. Seule maîtresse du pouvoir, sans royauté pour lui barrer le passage, elle eût pu dire au peuple : « Tu as ta part « des charges, tu auras ta part du gouverne- « ment. Tu constitues la masse de la nation mais » tu n'as pas encore les lumières nécessaires « pour l'administration de ses biens, contente- « toi pour aujourd'hui du contrôle. Je vais te « verser l'instruction à pleins bords et quand « tu auras bu ce vin d'intelligence, nous par- « tagerons le pouvoir en frères égaux, établis- « sant un sage équilibre, l'un par le calme de « l'expérience, l'autre par l'ardeur généreuse « de la jeunesse. »

*
* *

Au lieu de cela, emprisonnées dans l'édifice royal qu'elles avaient élevé, les classes conservatrices ne purent agir avec liberté. Louis-Philippe par son impéritie caduque et l'obstination doctrinaire de ses ministres, transforma une révolte parlementaire en insurrection. Une question de réforme devint le signal d'une révolution et les classes populaires, emportées par l'ivresse de la victoire, jalouses du succès de leur audace en présence de l'inertie de leurs adversaires, n'eurent plus qu'une pensée : la domination absolue et immédiate.

Endormis dans leur quiétude politique, ignorants des préoccupations du peuple que le cens ne les obligeait pas à coudoyer, le parti constitutionnel libéral et ses chefs ne s'étaient pas aperçus que des passions inconnues fermentaient dans les masses et que désormais il fallait compter avec elles. Le lendemain la République était proclamée. Le suffrage universel, principe à peine étudié, était inscrit en tête des institutions nouvelles. Le gouvernement du nombre venait de surgir.

*
* *

Ah! nous ne décrirons pas l'histoire de la bourgeoisie sous la seconde République et sous l'empire, ces pages sont trop douloureuses pour que nous les retracions. Chacun a encore présentes à la mémoire ces funestes journées de Juin, les proscriptions qui les suivirent, enfin l'épouvantable tragédie née dans le crime du Deux-Décembre et morte dans la honte de Sedan. Ecartons notre pensée de ces abîmes où la conscience humaine a sombré tant d'heures! Cherchons dans l'avenir l'onde sainte qui pourra laver ces horribles taches du passé!

*
* *

O France! ô ma patrie, toi qui as tant aimé et tant souffert, toi dont les générosités et les sacrifices suffiraient à remplir l'histoire, toi qui as

forgé la hache de Charles Martel et tissé l'ori-
flamme de Jeanne d'Arc, qui as enfanté la
Trève de Dieu et la déclaration des Droits de
l'homme, toi qui as tant détruit et tant créé,
toi vers qui se tournent toutes les douleurs et
toutes les misères, à qui l'Amérique doit sa
liberté et l'Europe ses constitutions, toi qui t'es
offerte si souvent en victime expiatoire aux
expériences des peuples, mère de génie et
d'abnégation, source où tant de gloires se sont
parées, où tant de hontes se sont bues, quand
voudras-tu jeter un regard sur toi-même, te
retremper dans ces flots d'amour et de justice
dont tu as abreuvé le monde et faire goûter à
tes enfants ces fruits de paix et de liberté que
tu as tant de fois donnés à leurs frères?

Tant de fleuves de sang versés pour le droit,
n'ont-ils pas apaisé le dieu fatal qui te pour-
suit ?

Voici près d'un siècle que ballottés comme un
fragile esquif sur la mer des révolutions, nous
roulons de chute en chute, d'abîme en abîme,
n'entrerons-nous pas un jour au port?

Quel épouvantable malentendu divise donc
nos consciences pour que citoyens d'une même
patrie, fils d'une même mère, nous soyons sans
cesse en proie aux jalousies et aux discordes,
sans cesse détruisant ce que nous venons d'élever, sans cesse l'injure à la bouche et les armes
à la main !

Et cependant il y a eu des jours bénis, des
nuits saintes dans notre histoire. Quand au 10

août, noblesse, clergé, tiers-état sacrifiaient, chacun sur l'autel de la patrie, leurs priviléges et leurs ressentiments, quand au 4 septembre une nation arrachant de son sein le vautour qui la dévorait, s'unissait tout entière contre l'envahisseur, est-ce que les mêmes larmes ne mouillaient pas tous nos yeux, est-ce que le même battement n'agitait pas toutes nos âmes ?

Non, je ne puis le croire, la France n'est pas une fournaise et nos cœurs des blocs de fonte qu'une main invisible y pousse pour la fortune des despotes et la risée des nations. Cette ère terrible aura sa fin. Le calme renaîtra dans ces âmes battues par la tempête, la concorde rajeunira ces fronts ridés par la lutte. Une heure viendra où les rayons de la fraternité éclaireront tous ces visages et purifieront toutes ces consciences.

II.

Certes, la pensée humaine est chose trop sainte à nos yeux pour que nous osions jamais porter atteinte à ses droits et contester son indépendance absolue. Où est la vérité? Où est l'erreur? A chacun d'écouter sa conscience, et de respecter les sentiments de celle d'autrui.

Mais si notre respect absolu pour la liberté individuelle nous ordonne de repousser toute doctrine qui fait appel à la force pour se maintenir ou s'imposer, si, pour nous la République est une forme gouvernementale aussi discutable que toute autre, nous devons aussi déclarer, au nom même de cette liberté qui nous guide, qu'aucune génération n'a le droit de confisquer la pensée de la génération qui la suit, et en conséquence le droit corrélatif d'adopter pour forme gouvernementale, la monarchie héréditaire.

_

La liberté est un droit qui naît avec l'individu et meurt avec lui.

Le présent est notre chose. L'avenir appartient à nos enfants et n'appartient qu'à eux. Nous n'avons pas plus le droit d'engager leur volonté qu'un tuteur n'a le droit de risquer la fortune de son pupille. Ce qui nous paraît plein de perfections aura peut-être beaucoup de défauts à leurs yeux. Laissons leur former une société à leur goût. Ne prétendons pas leur imposer un bonheur selon nos rêves.

En choisissant la monarchie héréditaire pour forme gouvernementale, nous n'agirions cependant pas autrement. Renversant les bases de notre édifice politique, nous retournerions à ce droit traditionnel qui ne demandait, pour tout mérite aux institutions qu'un brevet de vétusté. Nous transformerions les peuples en propriétés appartenant par droit d'abandon ou de péremption à telle ou telle famille. La sanction du temps qui fait que possession vaut titre, s'étendrait aux hommes comme aux choses. Esclaves volontaires les nations humaines se classeraient à côté de ces troupeaux domestiques qu'un simple acte de vente fait passer d'un maître à un autre.

*
* *

Le caractère par excellence du contrat social est d'être variable et constamment subordonné à la volonté des contractants. C'est un pacte qu'on peut déchirer à tout instant, un marché qu'on peut rompre dès qu'une clause a été violée !

Cela veut-il dire que le contrat social, tel que l'a dicté 89, laisse une porte ouverte à toutes les révolutions, soit un acte sans valeur que chacun ait le droit de renier, une loi à laquelle on puisse se soustraire ?

Assurément non.

Dans un pays de suffrage universel où chaque citoyen est loyalement consulté, tous doivent obéissance à la loi. Les révolutions ne doivent se faire qu'à coups de bulletins. L'insurrection n'est autorisée que le jour où le pouvoir a lui-même violé le contrat qui le lie à la nation.

Mais pour que ce système politique si sage et si progressif devienne pratique, il faut que le vote n'ait jamais qu'une valeur temporaire, que le contrat soit toujours résiliable pour la collectivité et que celle-ci, toujours libre, puisse en garder, renouveler ou modifier les dispositions à sa guise.

*
* *

Or, supposons que demain la France soit appelée à choisir sa forme de gouvernement, qu'elle se prononce pour la monarchie héréditaire et qu'elle passe un contrat avec une famille royale quelconque, les Bourbons, les d'Orléans, les Bonaparte, ce contrat possédera-t-il le caractère de liberté et de mutabilité que les législateurs de 89 ont voulu donner à nos institutions politiques ?

La souveraineté nationale restera-t-elle en permanence, maitresse de déchirer ce pacte constitutionnel ? Les électeurs de 1876 et 1881 pourront-ils par une simple émission de suffrages, sans révolutions et sans coups d'état, modifier la forme gouvernementale que leurs prédécesseurs avaient choisie ?

L'histoire s'est depuis longtemps chargée de répondre à ces questions.

Charles X, Louis-Philippe, Napoléon III élus par la nation ou par ses délégués ont accepté le pouvoir que leur conféraient les électeurs de 1824, de 1830 et de 1851 ; mais lorsque les électeurs de 1830, de 1848 et de 1870 les ont invités par leurs suffrages, à modifier leur conduite politique ou à quitter le pouvoir, ils se sont bien gardé d'obéir à ces ordres de la souveraineté nationale. Charles X a répondu par un coup d'état. Louis-Philippe a refusé de reconnaitre un vote parlementaire. Napoléon III a tendu un piége à la nation, extorqué un nouveau blanc-seing et préparé une révolution par une série de fautes contre lesquelles le pays était légalement désarmé et dont il ne pouvait arrêter les suites funestes que par une insurrection.

*
* *

Toute monarchie et la monarchie héréditaire en particulier, — il faudrait être aveugle pour ne pas le voir, — est une anomalie dans un pays où le suffrage universel est la première base de toutes les institutions.

Quel est le propriétaire qui prenant un fermier pour l'administration de ses biens voudrait se priver du droit de résilier son bail si sa propriété était mal entretenue ou ses fermages mal payés ?

Or si la France ou l'Assemblée nationale con-

sultées votaient la restauration d'une monarchie
héréditaire, quelle arme légale nous resterait-il
pour retirer l'administration du pays à la dynastie désignée, au cas où comme on l'a vu jus-
qu'ici, elle compromettrait tôt ou tard les intérêts qu'on lui aurait confiés ? Aucune.

La nomination d'une Chambre opposante?
Mais pendant trois ans le Parlement prussien a
refusé l'impôt au ministère Bismark et pendant
trois ans, usant du droit du plus fort, Bismark
a perçu l'impôt, malgré les électeurs et les
députés allemands.

En 1830, la Chambre ne veut pas sanctionner
les lois présentées par le ministère Polignac.
Charles X, soutenant son ministre contre la
nation, saute à pieds joints pardessus la Charte
et promulgue des ordonnances inconstitution-
nelles.

* *
*

Me parlerez-vous de la loyauté du monarque
choisi?

Mais quelle garantie avez-vous de la durée
de cette loyauté? Cet homme est-il à l'abri des
fluctuations de caractère ou d'opinion qu'amè-
nent ordinairement la maladie, l'âge, les flatteries
des courtisans ou l'empire d'une maîtresse?

Le successeur, fils ou neveu du monarque
élu offrira-t-il les mêmes conditions de sécurité?
Qui peut dire qu'Henri V ou le comte de Paris
ne renouvelleront pas les fautes de Charles X

ou Louis-Philippe ? On sait très-bien que les rois sont les hommes qui profitent le moins des leçons du passé.

Charles X avait devant lui l'exemple de Louis XVI et de Napoléon Ier, il n'en a pas été plus sage et plus respectueux des droits du pays. Louis-Philippe avait vu succomber trois de ses prédécesseurs, il n'a pas été plus prudent qu'eux. Napoléon III après ces quatre avertissements a couvert la France de honte et de de ruines.

III.

Que la bourgeoisie y réfléchisse bien, elle a tout intérêt à maintenir la République, intérêt moral, intérêt politique, intérêt financier. Une royauté stable en l'état des choses, vu la force et l'activité du parti républicain, vu les trois dernières dynasties, est un rêve. Chaque monarque coûtera en frais personnels ou de cour, en dépenses de guerre et de police, plusieurs milliards par règne et procurera moins d'ordre et de calme que la République parce qu'il y aura toujours une minorité qui ne l'acceptera pas, parce que la moindre de ses fautes sera prétexte à troubles, parce que toutes les responsabilités s'attacheront comme des termites à son trône et que la coalition des mécontentements individuels doublera sans cesse le nombre de ses ennemis.

* *

M. de Girardin prétend que la liste civile est une assurance payée par la propriété contre les révolutions.

L'image est exacte en théorie, en pratique elle est fausse. La royauté est impuissante à faire disparaître les révolutions, elle les recule et les rend plus terribles.

Fouillez notre histoire depuis cent ans. Trouvez-vous une dynastie qui nous ait mis à l'abri des discordes et des guerres civiles? La bourgeoisie a toujours payé l'assurance, mais tous les quinze ans la maison a brûlé, la dynastie fait faillite et personne n'a remboursé le pauvre bourgeois.

.⁚.

Sous la République, au contraire, rien de pareil à craindre, à la condition d'avoir des institutions véritablement républicaines. Enlevez au pouvoir central cette puissance énorme qui l'aveugle et le rend un objet de convoitise pour tous les partis, protégez la liberté par des lois respectables, faites-la servir par des hommes respectés, moralisez l'armée par le service et l'instruction obligatoires, donnez aux groupes départementaux et municipaux une liberté suffisante pour se mouvoir et se régir eux-mêmes, et vous n'aurez plus d'insurrections, parce que les questions politiques disparaîtront insensiblement pour faire place aux luttes d'intérêts moins brûlantes et plus faciles à résoudre.

Avec la République vous pouvez supprimer la moitié de cette haute et basse bureaucratie qui surcharge votre budget et ralentit l'exécution de vos affaires. Avec la République le commerce et l'industrie pourront avoir de bons traités de commerce, parce qu'au lieu d'en confier la discussion et la confection à un avocat comme M° Rouher, ils les règleront eux-mêmes au moyen d'assemblées ou de délégations prises dans leur sein.

Il y a plus. Sous ce régime d'initiative et de vie politique, les classes moyennes s'habitueront à gouverner, ne remettront plus le sceptre à un seul bras débile ou brutal, et feront tomber ainsi ces accusations de servilisme et de faiblesse qui leur ont été si souvent prodiguées et à si juste titre.

.*.

Nous savons bien qu'on retournera contre la République l'argument de désordre matériel et de trouble moral, qu'invoquant juin 1848 et mars 1871, on pourra dire : « La République est mère « de révolutions comme la monarchie, « et de révolutions plus sanglantes et plus « désordonnées ; si la monarchie est plus coû- « teuse, ses périodes de calme sont plus lon- « gues. »

Peut-être, mais la cause de ces faits malheureux est aussi facile à détruire qu'à trouver.

Nos trois Républiques sont nées dans des circonstances particulières dont il faut tenir compte, sous peine de fausser les enseignements de l'histoire.

En 1791, nous nous sommes heurtés à une coalition formidable.

En 1848, la France était aux prises avec une crise industrielle des plus graves. En 1870, huit cent mille Prussiens occupaient notre territoire et nous n'avions pas un soldat, pas un fusil.

Quelle monarchie s'est jamais trouvée en présence de catastrophes semblables ?

Les trois Républiques ont eu à lutter contre la misère, l'étranger et les défiances de partis puissants et d'ambitions redoutables.

Les trois monarchies sont venues, au contraire, en pleine période de prospérité, et la nation a mis à leur service tout ce qu'elle avait d'intelligence et de crédit.

Les trois Républiques ont eu à peine le temps de se constituer, de se défendre, et chacune d'elles a cependant ajouté une nouvelle pierre à l'édifice de 89.

Les trois dynasties maîtresses de tous les pouvoirs publics, soutenues dès le début par l'opinion, auraient pu réformer bien des abus, produire des améliorations nouvelles. Elles ont respecté tous les vices des régimes précédents et n'ont changé que les personnes.

Tout calcul fait, voici la situation :

Avec une monarchie, révolution inévitable dans un délai peu éloigné, parce que l'avenir appartient à l'idée républicaine et qu'elle ne peut pas disparaître ;

Parce que, quel qu'artifice constitutionnel qu'on improvise, le monarque sera toujours responsable des fautes commises par ses minis-

tres ; parce que l'admission du principe monarchique est une porte ouverte à tous les prétendants et à toutes les conspirations.

Avec la République, troubles et révolutions
inévitables si la bourgeoisie confie son drapeau
à des serviteurs d'anciennes dynasties, si la
question gouvernementale reste en jeu, si le
problème économique n'est pas l'objet d'études
sérieuses et de solutions pratiques.

*
* *

La monarchie n'est pas un idéal politique.

La République en est un.

La monarchie autorise tous les prétendants et
justifie toutes les insurrections.

La République ne connaît qu'un souverain, la
nation ; qu'une arme, le bulletin de vote.

La monarchie ne peut donner la liberté sans
périr.

La République peut modifier, élargir, trans-
former ses institutions sans danger pour son
principe.

Enfin, il est deux vérités, deux réalités indis-
cutables qui dominent toutes ces considérations.

*Il n'y a pas d'homme à qui sa conscience puisse
interdire d'être républicain.*

*Il n'y a pas de républicain à qui sa conscience per-
mette de se rallier à une monarchie.*

Voilà pourquoi l'idée républicaine marche
sans cesse menaçant l'édifice branlant élevé par
les dynasties !

Voilà pourquoi la monarchie voit peu à peu s'éloigner d'elle les hommes que le respect du passé ou d'injustes défiances envers l'avenir lui rattachaient encore !

*
* *

O classes bourgeoises, vous qui possédez le double levier de l'instruction et de la fortune, vous dont le sang a sacré la première Républi-que et dont les intérêts réclament à tout prix la disparition des partis et des guerres civiles, quand reviendrez-vous à la vieille tradition gauloise, quand renaîtrez-vous à l'amour de la liberté ?

N'est-ce pas le principe républicain qui vous a donné la commune, au moyen-âge, pour vous dérober au joug des castels et des prieurés ?

N'est-ce pas le principe républicain qui arra-cha votre conscience à l'étau de l'inquisition en inspirant le libre examen et la réforme ?

N'est-ce pas le principe républicain qui vous a fait citoyens en 89 ?

Vous a empêchés d'être Anglais ou Prussiens en 92 ?

Ce principe, il s'offre à vous encore une fois.

Seul, il peut vous grouper autour d'un même drapeau.

Seul, il peut vous maintenir au pouvoir.

Seul il peut vous permettre de reconstruire votre édifice politique sans user de révolutions, sans répandre le sang, sans couvrir la terre de ruines !

Que craignez-vous ?

N'êtes-vous pas les maîtres de l'opinion, vous qui détenez la richesse publique, vous à qui l'instruction donne toutes les places, vous qui comptez pour armée électorale six millions de paysans ?

La confection des lois vous échappera-t-elle? Ne disposez-vous pas de la législation par vos représentants, de la justice par vos magistrats, de la science par vos savants ?

La République enlève-t-elle à votre cerveau un atome de son intelligence, à vos richesses un mètre de vos propriétés, à votre crédit une parcelle de son pouvoir.

N'avez-vous pas compris qu'en instituant le suffrage universel, cet enfant terrible qu'on appelle le peuple, s'est mis entièrement entre vos mains ?

Quel esprit de terreur et de démence vous agite donc pour que vous partagiez sans cesse votre trône avec des parasites qui n'y montent que pour le faire crouler et vous ensevelir sous ses ruines ?

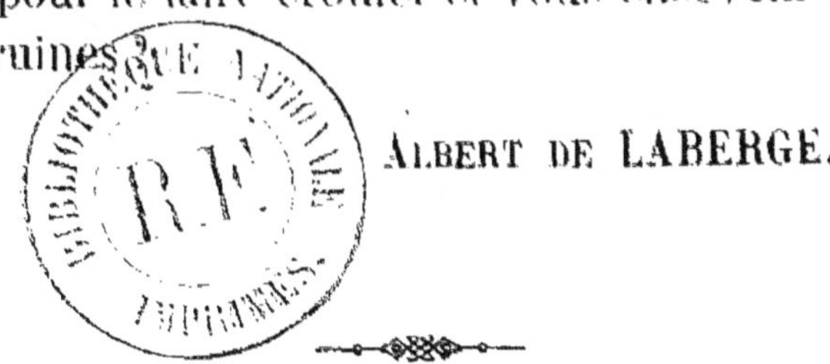

ALBERT DE LABERGE.

www.ingramcontent.com/pod-product-compliance
Lightning Source LLC
Chambersburg PA
CBHW071423030726
47594CB00006B/2543